ÉMIL

LES BAINS DE MER

ET AUTRES NOUVELLES

HACHETTE

Couverture illustrée par Boiry

Pour en savoir plus sur cet ouvrage
et sur la collection Côté Court,
reportez-vous au site internet :
www.cotecourt.com

43, quai de Grenelle, 75015 Paris.

Composition *Jouve* - 53100 Mayenne
Imprimé en France par HERISSEY (Evreux)
dépôt légal n° 5129-septembre 2000 — n° d'imprimeur : 87454
20.36.0572.01/6 ISBN : 2.01.200572.1
Loi n° 49-956 du 16 juillet 1949
sur les publications destinées à la jeunesse

1

LES BAINS DE MER

Un beau matin de juillet, M. et Mme Pichon, encore au lit, discutent pour savoir à quels bains de mer[1] conduire leurs trois filles, cette année.

« À Dieppe, propose la maman.

– Non, non, marmonne le papa d'un air préoccupé. On n'y rencontre pas une âme de connaissance. Seuls les Michelin y vont et ils n'ont plus de fils célibataire.

– Eh bien ! alors, allons à Cabourg !

– En voilà une idée ! Cabourg est peuplé de peintres.

– Et si l'on allait à Houlgate ; on dit que l'endroit est des plus charmants.

– Non, la vie y est trop chère. Dans ce cas-là, autant aller simplement à Trouville. »

1. À cette époque, on ne disait pas comme aujourd'hui aller au bord de la mer, ou à la plage mais aux « bains de mer ».

La mère continue à énumérer les plages : Fécamp, Le Tréport, Villerville, Étretat[1] ; mais le père, pour une raison ou pour une autre, rejette toutes ses suggestions et, tout en enfilant ses pantoufles, déclare avec dépit que bientôt il n'y aura plus d'endroit décent où emmener les filles afin qu'elles y trouvent des maris sortables. Ce matin, M. et Mme Pichon n'arrivent pas à se mettre d'accord sur un lieu de villégiature[2] et cela les met d'une humeur détestable.

Mais, trois jours plus tard, Pichon rentre chez lui, l'air gai. Il ne dit rien devant ces demoiselles, mais une fois au lit et la bougie soufflée, il chuchote à l'oreille de sa femme :

« Sais-tu que les Beaudrillard vont à Luc-sur-Mer ?

– Oh ! répond sa femme, Luc-sur-Mer n'est pas joli du tout.

– Allons donc ! C'est un endroit ravissant... Beaudrillard m'a dit le mois dernier qu'il aimerait bien caser son fils Charles.

– Ce petit laideron d'avocat ?

– Point laid du tout. Il est très gentil. Le père lui donne cent cinquante mille francs, sans compter les cadeaux... Il n'y a plus à discuter. Nous irons à Luc-sur-Mer. »

Le lendemain, on annonce cette nouvelle aux jeunes filles, qui boudent un peu. Luc-sur-Mer, qui joue le rôle

1. Toutes les stations énumérées se situent sur les côtes de la Manche, en Normandie, au nord du Havre (Étretat, Fécamp, Dieppe) ou au sud de la Seine (Cabourg, Houlgate... et Luc-sur-Mer). Les côtes normandes étaient les plus fréquentées par les Parisiens car elles étaient accessibles par le train.

2. Séjour de repos. Aujourd'hui on dirait vacances.

d'un Trouville pour Caen et Bayeux, leur semble un trou épouvantable. Néanmoins, elles se soumettent et le départ est fixé aux derniers jours de juillet. À Caen, Pichon a un ami qui promet de leur louer une petite maison.

Personne n'imagine les nombreux soucis que trois filles à marier peuvent procurer à un père. Charlotte, la plus jeune, n'a que dix-sept ans et elle peut encore attendre. Mais les deux autres, Clotilde l'aînée et Eugénie la deuxième, ont respectivement vingt-quatre et vingt et un ans et c'est là un âge respectable. C'est pourquoi, dans tous ses agissements, Pichon ne poursuit qu'un seul but, celui de caser ses demoiselles. Il appartient à la haute Administration. Cela fait près de cinq ans qu'on l'a décoré et nommé chef de bureau dans un ministère. Mais son salaire, assez important, suffit à peine à couvrir les frais du ménage, comme ceux des toilettes de ces dames et des petites réceptions d'hiver. Mme Pichon n'a aucune fortune, et a commis l'erreur d'avoir donné à ses filles une éducation trop mondaine, dans l'espoir de leur trouver des partis avantageux. Les jeunes filles sont charmantes ; elles s'habillent avec beaucoup de goût et sont au courant de tous les potins parisiens ; mais personne n'ignore qu'elles n'ont pas de dot et cela effraie les prétendants. Bien que le ménage vive sur un grand pied, que l'appartement soit ravissant, qu'on y donne des dîners une fois par semaine, que les dames aient une voiture qu'elles louent au mois et de nombreuses relations, tout ce déploiement de luxe effraie plus qu'il n'éblouit. Les Pichon appartiennent à cette catégorie de gens prodigues[1] qui mangent le soir tout ce qu'ils ont gagné le matin ; l'argent leur brûle les doigts.

« Diable ! s'écrie M. Pichon un matin, en lisant une lettre qui vient d'arriver. Imaginez ! Ils veulent quatre cents francs pour une petite maison de six pièces !... Cela fait huit cents francs pour deux mois et, de plus, je dois confirmer immédiatement par télégramme si je veux cette maison. C'est la seule à ne pas être déjà louée. »

Mme Pichon est aussi indignée. Il y a dix ans, on aurait payé un loyer de cent francs environ, et encore... Bientôt, il sera tout à fait impossible de se rendre aux bains de mer. Puisque c'est ainsi, autant aller à Houlgate ou à Deauville, on n'y serait pas davantage plumé[2].

« Les Beaudrillard seront nos voisins, murmure Pichon. Allons, je vais envoyer un télégramme pour dire que nous louons la maison. »

La famille Pichon est enfin prête. Ces dames veulent emmener une dizaine de valises. Il leur faut aussi un car-

1. Dépensiers.

2. Volé, escroqué.

ton spécial pour les chapeaux. Ensuite, ce sont les visites d'adieu. Chez toutes leurs amies, la mère et les filles répètent les mêmes phrases sur Luc-sur-Mer, où elles se rendent cette année. Il paraît que cette station balnéaire s'améliore tous les ans et que là se réunit la société la plus choisie. De plus, l'hiver a été très bruyant. Elles veulent se reposer et quitter le monde pour quelque temps.

À Luc-sur-Mer, la villa qu'elles occupent est tout au bord de la mer. Elle est bâtie en briques et en bois et menace de s'effondrer au moindre souffle. Mais la petite maison, badigeonnée de couleurs vives, veut prétendre à la gaieté, au milieu d'un étroit et maigre jardinet au sol crayeux[1], sur lequel même le chardon se refuse à pousser. Grâce à un escalier taillé dans le rocher, on peut descendre vers la mer et s'y baigner à marée haute, juste sous les fenêtres de la villa.

« Mais c'est un jouet ! dit Charlotte en riant. Nous n'y entrerons jamais avec toutes nos malles. »

Pourtant ils s'y tassent peu à peu. Les jeunes filles exigent chacune leur chambre et occupent tout le premier étage, de sorte que M. et Mme Pichon doivent installer leur chambre à coucher dans la pièce qui aurait dû leur servir de cabinet de toilette. Le deuxième étage est mis à la dis-

1. Qui comporte de la craie, du calcaire. C'est le cas des bords de mer dans cette région

position des domestiques. Au rez-de-chaussée, se trouvent un assez grand salon et une salle à manger.

Dès le premier jour, les dames s'habillent et descendent à la plage. Il faut connaître Luc-sur-Mer, pour en imaginer la tristesse, c'est l'endroit le plus laid de toute la côte. Des galets la couvrent et des pointes de roches coupantes se font jour à travers le sable. L'eau stagne dans les flaques où le poisson pourrit et contamine les algues. Autour du village aux maisons grises et mornes s'étend une immense plaine toute plate et sans arbre, sans une colline, qui répand jusqu'à l'horizon une mélancolie sans espoir.

« Que c'est vilain », déclare Charlotte, avec la franchise qui lui est propre.

Clotilde et Eugénie examinent les toilettes des baigneuses et trouvent qu'on ne s'habille pas trop mal à Luc-sur-Mer et qu'on peut y vivre deux mois sans trop s'ennuyer. Mais leur première promenade provoque de l'inquiétude chez Pichon.

« C'est drôle, dit-il à sa femme, nous n'avons pas rencontré les Beaudrillard. Il faudrait se renseigner demain à leur sujet. »

Le lendemain, après des miracles de diplomatie, il apprend que les Beaudrillard se promènent tous les matins sur la route de Langrune ; il organise habilement une rencontre. Les deux familles se reconnaissent sur le sable grouillant de crabes. Ces derniers prennent la fuite dès que la marée basse les met à découvert. Charles Beaudrillard, le petit avocat qui louche et qui a un menton de travers, daigne se souvenir qu'il a dansé avec ces jeunes filles l'hiver dernier ; mais il semble les craindre énormément. M. et Mme Beaudrillard sont froidement distants, car il leur semble que c'est la manière la plus convenable de se comporter. Mais, en fin de compte, Pichon n'est pas mécontent de cette première entrevue. Le soir, une fois au lit, il commente les événements avec sa femme, avant de s'endormir.

« Il ne se passera pas une semaine que nous ne soyons intimes... Je cherche à calculer à combien nous reviendront ces deux mois ; le loyer de la maison est de huit cents francs ; il faut compter autant pour nos frais journaliers ; cinq cents francs de transport, deux mille francs pour vos toilettes ; ajoutons à cela les imprévus, ce qui nous fera un total de six à sept mille francs. C'est une somme considérable, mais nous devons absolument caser Clotilde ou Eugénie, car nous ne pouvons nous payer souvent de pareilles vacances. »

Par bonheur, tout semble marcher comme sur des roulettes. Les Beaudrillard qui occupent la villa voisine se laissent accaparer petit à petit. D'abord, les deux familles ne se voient que le matin, ensuite du matin au soir et, enfin, commencent à se baigner ensemble et l'intimité va si loin que les deux familles décident de s'offrir mutuellement des dîners.

Pichon compte particulièrement sur les baignades. La mer permet un si charmant sans-gêne. À Luc-sur-Mer, hommes et femmes se baignent ensemble. Chacun sort de la maison en maillot et quitte le bain en courant, après s'être jeté un peignoir sur les épaules. C'est pourquoi Mme Pichon a apporté un soin spécial aux costumes de bain de ses filles. Ceux-ci sont en serge noire, exquis de façon, et bordés de ruches de rubans bleu marine. Ces demoiselles sont absolument charmantes lorsqu'elles émergent de l'eau. Elles devinent bientôt de quoi il s'agit et sont coquettes à outrance avec Charles, prennent des poses séduisantes et tantôt font les farouches, tantôt agissent avec une témérité naïve. Clotilde et Eugénie jouent leur rôle avec maîtrise. Quant à Charlotte, qui n'est pas pressée de trouver un mari, elle s'amuse beaucoup de l'effroi qu'inspire l'eau au petit avocat, dès qu'elle lui arrive à la taille. Il devient alors bleu et horrible à voir.

« Cela s'arrange, cela s'arrange, dit Pichon tous les soirs à sa femme. J'aurais aimé pousser la chose, alors nous aurions pu rentrer à Paris une semaine plus tôt, et cela me plairait bien, car on ne peut pas dire qu'on s'amuse beaucoup par ici. »

En effet, on ne saurait imaginer quelque chose de plus monotone que la vie qu'ils mènent. Les dames n'ont pas d'autre distraction que de changer de toilette trois fois par jour, puis viennent les promenades le long de la mer, en direction de Lion-sur-Mer et de Saint-Aubin, avec toujours le même horizon plat, devant les yeux, et rien de plus. Lorsque arrive la pleine lune[1], Pichon semble enchanté.

« Maintenant, dit-il, nos affaires progresseront avec plus de succès. »

Une seule chose l'inquiète un peu. C'est que Charles disparaît on ne sait où, dans la soirée. Il se décide à interroger Beaudrillard, avec tact. Mais il est enchanté de l'explication qu'on lui fournit, car on lui dit que Charles est un bûcheur acharné. Il passe ses nuits à étudier les dossiers qu'on lui envoie de Paris ; la lumière reste allumée dans sa chambre jusqu'à deux ou trois heures du matin. Dès lors, en passant chaque soir devant la villa voisine, les Pichon jettent des coups d'œil à la fenêtre éclairée et disent :

1. La croyance populaire attribue à la pleine lune des effets particuliers, notamment sur l'ardeur amoureuse.

« M. Charles étudie. »

Le temps est merveilleux, la lune brille clair, les deux familles quittent la table et s'installent sur le sable, sans cérémonie. Les parents apportent des sièges pliants et contemplent la marée montante que dore la lune. Pichon compte sur cette heure poétique pour achever de vaincre Charles. Le chef de bureau aurait préféré marier d'abord Clotilde ; mais cela n'a pas tellement d'importance. C'est avec joie qu'il se débarrasserait d'Eugénie, si Charles la préfère. Qu'il choisisse à sa guise. Pichon se promet seulement de ne pas marier Charlotte avant ses sœurs.

Les premiers jours de pleine lune, Charles descend à contrecœur à la plage. Il semble très mal à l'aise et, à dix heures, il disparaît, comme si le sable l'avait englouti. Mme Pichon déclare que ce jeune homme est décidément trop timide et elle se prépare à donner à Clotilde des conseils assez énergiques. Il ne reste plus qu'un mois à vivre ici, il faut avoir recours à des mesures décisives.

On en était au même point, lorsqu'un beau soir Charles arrive à la plage, accompagné d'un de ses amis, grand et beau gaillard, qu'il était allé chercher au débarcadère[1] de Caen le matin même. Pichon est perplexe et demande des

1. L'endroit où l'on embarque (monte) sur les bateaux, ou l'on en débarque (descend).

renseignements à Beaudrillard, qui lui communique aussitôt ce qui suit :

« Ce Jean Bergnier n'a pas un sou en poche ; c'est un peintre, brave garçon et très intelligent. »

« Bon, celui-ci ne compte pas », pense Pichon en faisant une grimace dédaigneuse.

Et, en effet, il ne fait plus du tout attention à lui, bien que Jean, en peu de temps, gagne l'amitié des jeunes filles et, surtout, de Charlotte, qui le presse sans relâche de lui apprendre à nager.

Les jours passent, Pichon s'agite de plus en plus. Ces Beaudrillard sont vraiment des gens fort peu intelligents ! Qu'attendent-ils pour faire une demande en mariage ? Un soir, par mauvais temps, lorsque la lune se cache derrière un nuage et que le vent souffle, Pichon arpente seul la plage, et soudain, il remarque le petit Charles, assis derrière une barque avec une dame. Il lève la tête et voit dans la villa la lampe allumée. Oh ! le misérable ! c'est comme cela qu'il étudie le droit ! Mais ce qui est pire encore, c'est que le chef de bureau a reconnu cette dame. C'est une de ces lorettes[1] qui traînent par ici, probablement une petite amie de Charles qu'il a fait venir de Paris. Il faut dire aussi que ce garçon est trop timide avec les jeunes filles hon-

1. Jeune femme de mœurs légères.

nêtes pour ne pas adorer celles que l'on ne saurait qualifier de ce mot.

Le soir même, Pichon se promène longuement ; il décide de ne rien dire à sa femme de sa rencontre. Les femmes ne comprennent rien à ces choses-là. Charles a une maîtresse ! Eh bien, quoi ! peut-être n'est-ce que mieux ! Peut-être qu'ainsi, Beaudrillard sera poussé à hâter sa demande. Et le lendemain, le chef de bureau mène de main de maître une longue conversation avec son estimable ami, et lui fait comprendre qu'il doit marier son fils le plus tôt possible.

« Oui, oui, je le sais, répond tranquillement le père. Charles a amené une cocotte[1] avec lui... Que faire ? Le petit enterre sa vie de garçon[2]. Nous le marierons dès notre retour à Paris, c'est déjà chose convenue. »

Pichon est comme frappé du tonnerre. Il rentre en courant et ordonne de faire immédiatement les valises. Ils quitteront ces lieux ce soir même. Pour rien au monde il ne veut rester une heure de plus en cet horrible endroit. Et voilà qu'au cours de ce remue-ménage, ganté de neuf[3], Jean vient lui rendre visite et demander la main de Charlotte.

« Ni vous ni elle n'avez un sou ; c'est impossible, s'écrie-t-il. Je vous refuse... »

1. La même signification que lorettes, avec en plus l'indication d'une femme entretenue par ses amants.

2. Il est de tradition avant le mariage, dans la société bourgeoise, qu'un garçon ait des maîtresses, fasse la fête...

3. À cette époque, l'usage veut que les hommes portent des gants dans les circonstances solennelles, importantes.

Mais comme le peintre lui répond gaiement que la fortune sourit aux jeunes et aux courageux, il déclare d'un ton furieux :

« Vous avez raison, prenez celle qui vous plaît, je serai au moins débarrassé de l'une d'entre elles. À vrai dire, j'en ai par-dessus la tête... Prenez Clotilde ou Eugénie Charlotte peut encore attendre.

– Mais c'est Charlotte que j'aime. »

La discussion dure près d'une minute. Pichon s'entête. Il veut marier ses filles par ordre d'âge. Enfin il s'écrie :

« Eh bien ! prenez Charlotte, cela m'en fera toujours une de moins !

Ce même soir, après que toute la famille a regagné Paris, Pichon, dans son lit, essaie de calculer ce que lui a coûté son séjour à Luc-sur-Mer : sept mille trois cents francs. Et ils n'ont pu caser que Charlotte qui, de toute façon, était celle dont ils auraient eu le moins de mal à se défaire ! Pourtant cela vaut mieux que rien. On pouvait revenir complètement bredouille ! Et, alors que Mme Pichon est sur le point de s'endormir et ronfle légèrement, il la réveille et déclare :

« Sais-tu l'année prochaine, nous irons à Trouville, même si cela nous coûte dix mille francs. »

2

LA MAISON DE CAMPAGNE

Les époux Robineau, petits-bourgeois vivant rue Culture-Sainte-Catherine, ont acheté ces dernières années une maison entourée d'un jardin, à dix kilomètres d'Étampes. D'abord, ils avaient eu à Saint-Mandé, en face du fossé municipal, une petite maison qu'ils ont vendue, ennuyés d'entendre, jour et nuit, le sifflement des locomotives, et trouvant que ce n'était pas encore la campagne. Au moins, à Épernay-sur-Orge – c'est le nom du village situé à quelques pas de leur nouvelle propriété – il n'y a pas de chemin de fer, et le décor est des plus rustiques[1]. Les Robineau ont enfin réalisé un rêve caressé depuis vingt ans.

Les préparatifs commencent dès les premiers jours de juillet. Charles, le benjamin de la famille, un grand garçon

1. Campagnard.

de dix-sept ans, n'est libéré de son collège qu'à partir du 3 ou 4 août, c'est pourquoi les Robineau ne peuvent pas quitter Paris avant cette date. Ensuite, Mme Robineau arrive à peine à faire ses bagages en un mois. Songez un peu ! Il y a plus de quinze lieues à faire, et comme à Épernay-sur-Orge on ne trouve rien, ni fil ni aiguille, il faut prendre tout avec soi. Quatre énormes malles suffisent à peine. Robineau, les bras croisés, déclare d'un ton suffisant qu'il ne fera rien et regarde tranquillement sa femme s'affairer ; celle-ci, malgré de longs préparatifs, s'écrie le jour du départ :

« Mon Dieu ! J'ai oublié d'acheter des brosses et des cure-dents... Je serai obligée de m'arrêter à Étampes. »

Finalement, la famille arrive à Épernay-sur-Orge. Une antique diligence délabrée les dépose à la porte de leur maison. Les trois premiers jours se passent à arranger la maison. Il faut balayer les toiles d'araignées, aérer les chambres, etc. La maison est assez petite, elle n'a que deux étages ; à chaque étage il y a quatre chambres, et au rez-de-chaussée un grand salon et une vaste salle à manger. M. et Mme Robineau occupent le premier étage, tandis que Charles, pour échapper à la surveillance des parents, s'est établi au second, où les autres chambres sont destinées aux invités. Le jardin est tout petit. C'est un de ces jardins qu'on voit fréquemment au bord des routes ; entouré de hauts murs, avec un minuscule potager, il est tout blanc de la poussière soulevée par les voitures. Mais Robineau affirme qu'une vue splendide s'étend devant ses fenêtres ; en réalité, on voit une immense plaine, coupée de prés et de champs, sans un seul arbre. À l'horizon, une ligne de peupliers se détache en bande claire sur le fond du ciel. On pourrait déjà se croire dans la Beauce[1] plate et monotone.

« Quel riche pays ! aime à répéter Robineau. Pas un pouce du sol de perdu, et il faut voir le blé et le foin d'ici ! »

Et voilà la vie de campagne qui commence. Pendant tout l'hiver, dans les quatre murs de leur petit appartement, rue Culture-Sainte-Catherine, les Robineau faisaient des projets sur leur vie à la campagne, se proposaient de longues promenades, s'imaginaient des plaisirs rustiques.

Mais ils emportent à la campagne toutes leurs habitudes de citadins[2]. Encore, au début, dans le premier ravissement pour la campagne, risquent-ils quelque promenade à Saint-Illiers ou à Marigny, où ils s'offrent une délicieuse omelette. Mais bientôt Mme Robineau ne se détache plus de la salle à manger, tandis que Robineau, sans jaquette, reste des

1. Plaine céréalière au sud-ouest de la région parisienne.

2. Habitant des villes.

heures entières à regarder ses poiriers qui n'ont nulle envie de donner des fruits. Seul, Charles disparaît du matin jusqu'au soir. Il s'ennuie mortellement à Épernay, mais, en garçon rusé et sournois, il ne se plaint jamais, et s'efforce de profiter le mieux possible de ses vacances, faisant la cour aux jeunes paysannes, qui sont ici bien délurées[1]. On peut le rencontrer dans toutes les prairies, allongé sous un saule, comme s'il dormait, mais ayant les yeux ouverts, et suivant d'un regard attentif les paysannes qui passent. Un jour, son père l'a surpris derrière une grange où il jouait à cache-cache avec Mélanie, la fille du boulanger.

Deux semaines ne se sont pas écoulées qu'un beau matin, Robineau, qui bâillait plus que de coutume dans son jardin, déclare pendant le déjeuner :

« Et si j'écrivais à Dubochet pour l'inviter à venir passer une semaine chez nous avec sa femme et sa fille ?

– Mais tu les as invités pour les premiers jours de septembre, remarque Mme Robineau. Un pareil changement incommodera certainement Mme Dubochet.

– Tant pis pour eux, répond son mari. Ils peuvent bien hâter leur arrivée. Dans l'Orge, il y a des anguilles et des loches. Dubochet viendra à la pêche avec moi. »

L'arrivée prochaine des Dubochet met la maison tout

1. Ici, audacieuses avec les garçons.

entière sens dessus dessous. Les Robineau, qui somnolaient déjà dans l'ennui soporifique[1] de la campagne, se réveillent brusquement. Il faut préparer les chambres d'amis, mettre des rideaux, sortir du linge propre. Charles, obligé d'aider son père, est de fort mauvaise humeur. Quant à Mme Robineau, elle se déclare obligée d'aller à Étampes, car pour rien au monde elle ne trouvera à Épernay-sur-Orge ce qu'il lui faut. Un beau matin, elle part dans une très mauvaise charrette et rentre tard dans la soirée, chargée d'achats. Comme elle avait emmené la cuisinière, la famille avait, ce jour-là, dîné de n'importe quoi, de bœuf bouilli froid et de fromage. Mais les Dubochet doivent arriver demain, et tous veulent leur montrer la propriété sous son meilleur jour. Ainsi, ils vont se coucher à minuit, car Robineau a entrepris de nettoyer les allées du jardin et n'a pas eu le temps de terminer sa tâche dans la journée. Charles, une lanterne à la main, a dû éclairer son père.

« Tu vois, répète celui-ci, ce sera mieux comme ça... J'ai beaucoup tenu à nettoyer le jardin, d'autant plus que Dubochet est un terrible blagueur, et que rien ne lui plaît chez les autres. »

En effet, le lendemain, quand la famille Dubochet arrive, le père, un homme grand, maigre, grognon, s'écrie :

1. Qui endort.

« Ma foi, il faut vraiment beaucoup vous aimer pour se fourrer dans un trou pareil !... Quelle plaine nauséabonde[1] ! C'est à mourir d'ennui ! »

Et il n'a pas fait plus de trois pas dans le jardin, qu'il s'exclame :

« Ah ! vous avez mis du gravier sur les sentiers... Ça abîme la chaussure. Moi, j'aurais mis plutôt du sable. »

Mme Dubochet et sa fille, Pélagie, sont descendues de la diligence avec un air ahuri. Mme Dubochet est une grosse femme, ronde comme une boule, tandis que la fille, une enfant de quatorze ans, a hérité de la grande taille de son père, et est maigre comme un hareng. On conduit ces dames dans la chambre qui leur est réservée, elles y font leur toilette, ce qui retarde le déjeuner d'une bonne demi-heure. À table, Dubochet critique tout. Vivre à la campagne, quelle sottise ! Il ne vaut pas la peine d'aller à la campagne pour boire du mauvais lait, manger du beurre ranci[2] et des omelettes faites avec des œufs pourris.

« Par exemple, combien avez-vous payé ce poulet ? »

Mme Robineau répond qu'elle est allée le chercher à Étampes et qu'elle l'a payé trois francs.

« Trois francs ! s'écrie Dubochet avec indignation. Et vous avez fait plus de deux lieues pour payer trois francs

1. Littéralement, qui donne des nausées, qui écœure.

2. Trop vieux, qui n'est plus bon.

une charogne[1] pareille ! On peut se casser les dents dessus ! Eh bien ! demandez à ma femme, avant-hier à Paris nous avons acheté un chapon[2] deux francs cinquante.

– C'est vrai, confirme Mme Dubochet, et encore, je soupçonne la cuisinière de m'avoir volé deux sous. »

Les Robineau cherchent à adoucir leurs amis. Mon Dieu ! la campagne, c'est la campagne ! Ils veillent à ce que leurs amis ne s'ennuient pas trop. Et pour commencer, ils proposent de faire une promenade à Saint-Illiers, le seul endroit où il y ait quelque chose à voir. Mais Dubochet répond qu'il faut y réfléchir un peu. Il n'est pas venu à la campagne pour se fatiguer. Il accepte pourtant la proposition d'aller à la pêche le lendemain. Il a apporté avec lui ses lignes, et il passe tout son après-midi à les arranger.

Pendant tout le temps du déjeuner, Charles a observé sournoisement Pélagie, que l'on avait placée à ses côtés, et il a constaté que cette demoiselle ressemblait à une dinde. Il ne l'a pas revue depuis un an. Vraiment, elle devient chaque année de plus en plus laide. Eh bien ! s'ils s'imaginent qu'il va s'occuper de cette gamine, ils se trompent. Après le dessert, il réussit à s'échapper de la salle à manger ; le soir, quand sa mère lui dit qu'on l'a cherché dans

1. Cadavre d'animal.

2. Jeune coq engraissé.

toute la maison, il déclare qu'il est allé étudier sous le noisetier, au bout du champ du père Lebœuf.

Le lendemain, Dubochet rentre de la pêche triomphant. Son ami Robineau n'a rien pris, et il le couvre, de railleries. Toute la journée, il est en verve[1] et aiguise son esprit[2] en se moquant et de la maison et du jardin.

« Nous sommes de vieux amis, n'est-ce pas, dit le soir Robineau à sa femme avec un sourire forcé, on doit tout lui pardonner... Et, avec cela, il est si gai, on ne s'ennuie pas avec lui. »

Mais, le jour suivant, Dubochet est en fureur. Il n'a pas pris une seule loche. Aussi ne se gêne-t-il point pour régler ses comptes avec la belle rivière d'Orge qui roule ses eaux transparentes entre deux rangs de saules.

« Vilain ruisseau, qu'une poule peut traverser sans se mouiller les pattes ! Hier j'ai dû pêcher le dernier poisson. »

Les jours suivants, les Robineau ont beau vouloir montrer le pays à leurs amis, Dubochet refuse de bouger. Qu'y a-t-il à voir ? Partout rien que des champs ! S'il y avait au moins dans le voisinage une pittoresque tour du Moyen Âge ! Il s'installe littéralement dans le salon, et incommode ses hôtes au point que Robineau compte les jours que l'ami a encore à passer chez eux. Mon Dieu ! cette semaine ne

1. Parle avec aisance.

2. Est de plus en plus vif.

finira donc jamais ! Mais la veille du jour qu'il a lui-même fixé pour s'en aller sous prétexte d'affaires importantes qui l'attendent à Paris, Dubochet ne souffle mot de son départ ; et il s'empresse même d'accepter la proposition que les hôtes lui font, par politesse, de rester encore quelques jours. Lui, s'ennuie à mourir, mais il se résigne à cet exil pour la santé de sa fille. Deux semaines se passent encore.

« Il faudra les mettre à la porte sans cérémonie ! » répète tous les soirs désespérément Robineau.

Par bonheur, Charles s'attire la disgrâce de Mme Dubochet. Une fois, Mme Dubochet, qui occupait avec sa fille une chambre à coucher à côté de la chambre du jeune homme, s'est aperçue que la nuit celui-ci avait sauté pieds nus de son lit pour regarder par le trou de la serrure. Elle n'en dit rien à M. Dubochet pour ne pas brouiller les vieux amis, mais elle le décide à partir.

« Bon voyage ! crie Robineau derrière la diligence qui emporte les Dubochet. Maintenant nous pourrons enfin jouir tranquillement de la vie rustique. »

Ils ont encore trois semaines à passer à la campagne. L'ennui qui règne à la maison devient mortel. Pendant les jours pluvieux de septembre, il semble que les murs suintent de l'humidité, qui en dégoutte[1] mélancoliquement.

1. Tombe goutte à goutte.

Dans le jardin silencieux, les mauvaises herbes envahissent tout, car Robineau, qui n'avait pas voulu engager de jardinier, pour avoir le plaisir de cultiver lui-même sa propriété, s'est vite dégoûté du pénible travail de l'agriculteur. Il a même cessé de regarder ses poiriers, qui s'obstinent à ne pas donner de poires. Son seul divertissement est d'attendre le facteur sur la route d'Étampes, dans le triste espoir qu'un de ses amis parisiens lui écrira. Mais il ne vient jamais de lettres, et Robineau s'assied au bord du fossé où le berce la ligne plate et monotone de l'horizon. Mme Robineau est plus heureuse. Elle s'occupe activement de la préparation de toutes sortes de conserves et de liqueurs. Son triomphe est généralement une liqueur de noyaux de pêches. Aussi sursaute-t-elle d'émotion quand un soir Robineau dit en se retenant de bâiller :

« Et si nous invitions de nouveau les Dubochet pour une petite semaine ?

– En voilà une idée ! s'écrie-t-elle. Tu veux donc perdre mes confitures ? »

Dans les derniers jours de septembre, les conserves sont faites et toute la famille attend avec impatience le moment du départ. Mais ils ne veulent pas quitter la campagne avant le jour dit, de peur de s'exposer aux railleries[1] de

1. Moqueries.

leurs amis. Pour une fois qu'ils ont acheté une maison de campagne, il faut qu'ils y vivent, sinon ils passeraient pour des gens dépourvus de sens pratique. Mais les pluies commencent, et la nature leur apparaît sous son jour le plus désagréable. Pendant le déjeuner et le dîner, ils ne font qu'injurier les paysans, qui sont tous, sans exception, de sales bêtes, des menteurs et des voleurs. L'eau de leur puits leur donne des coliques, à la maison il fait froid et Mme Robineau a trouvé dans son lit une énorme punaise ! Trois jours avant le départ, les valises sont faites. Seul Charles semble se séparer d'Épernay-sur-Orge avec regret. La veille du départ, il rentre à la maison griffé jusqu'au sang, et explique qu'un chat lui a sauté brusquement au visage derrière la grange du boulanger.

« À l'année prochaine ! » dit Robineau avec un soupir de soulagement, en prenant place dans la vieille diligence.

Et l'année suivante la famille retournera de nouveau, avec un ravissement fiévreux[1], dans sa prison, dans sa petite maison ennuyeuse et humide d'Épernay-sur-Orge.

1. Excité comme par la fièvre.

3

VOYAGE CIRCULAIRE[1]

Il y a huit jours que Lucien Bérard et Hortense Larivière sont mariés. Mme veuve Larivière, la mère, tient, depuis trente ans, un commerce de bimbeloterie[2], rue de la Chaussée d'Antin. C'est une femme sèche et pointue, de caractère despotique[3] qui n'a pu refuser sa fille à Lucien, le fils unique d'un quincaillier du quartier, mais qui entend surveiller de près le jeune ménage. Dans le contrat, elle a cédé la boutique de bimbeloterie à Hortense, tout en se réservant une chambre dans l'appartement ; et, en réalité, c'est elle qui continue à diriger la maison, sous le prétexte de mettre les enfants au courant de la vente.

On est au mois d'août, la chaleur est intense, les affaires vont fort mal. Aussi Mme Larivière est-elle plus aigre que

1. Où l'on revient à son point de départ.

2. Menus objets, bibelots. Ce magasin est sans doute une sorte de bazar.

3. Très autoritaire, comme un despote.

jamais. Elle ne tolère point que Lucien s'oublie[1], une seule minute près d'Hortense. Ne les a-t-elle pas surpris, un matin, en train de s'embrasser dans la boutique ! Et cela, huit jours après la noce ! Voilà qui est propre[2] et qui donne tout de suite une bonne renommée à une maison ! Jamais elle n'a permis à M. Larivière de la toucher du bout des doigts dans la boutique. Il n'y pensait guère, d'ailleurs. Et c'était ainsi qu'ils avaient fondé leur établissement.

Lucien, n'osant encore se révolter, envoie des baisers à sa femme, quand sa belle-mère a le dos tourné. Un jour, pourtant, il se permet de rappeler que les familles, avant la noce, ont promis de leur payer un voyage, pour leur lune de miel[3]. Mme Larivière pince ses lèvres minces.

« Eh bien ! leur dit-elle, allez vous promener un après-midi au bois de Vincennes. »

Les nouveaux mariés se regardent d'un air consterné. Hortense commence à trouver sa mère vraiment ridicule. C'est à peine si, la nuit, elle est seule avec son mari. Au moindre bruit, Mme Larivière vient, pieds nus, frapper à leur porte, pour leur demander s'ils ne sont pas malades. Et, lorsqu'ils répondent qu'ils se portent très bien, elle leur crie :

1. Se laisse aller.

2. Convenable.

3. Période juste après un mariage pendant laquelle traditionnellement les mariés font un voyage.

« Vous feriez mieux de dormir, alors... Demain, vous dormirez encore dans le comptoir. »

Ce n'est plus tolérable. Lucien cite tous les boutiquiers du quartier qui se permettent de petits voyages, tandis que des parents ou des commis fidèles tiennent les magasins. Il y a le marchand de gants du coin de la rue La Fayette qui est à Dieppe, le coutelier de la rue Saint-Nicolas qui vient de partir pour Luchon, le bijoutier près du boulevard qui a emmené sa femme en Suisse. Maintenant tous les gens à leur aise s'accordent un mois de villégiature[1]

« C'est la mort du commerce, monsieur, entendez-vous ! crie Mme Larivière. Du temps de M. Larivière, nous allions à Vincennes une fois par an, le lundi de Pâques, et nous ne nous en portions pas plus mal !... Voulez-vous que je vous dise une chose ? Eh bien ! vous perdrez la maison[2], avec ces goûts de courir le monde. Oui, la maison est perdue.

– Pourtant, il était bien convenu que nous ferions un voyage, ose dire Hortense. Souviens-toi, maman, tu avais consenti.

– Peut-être, mais c'était avant la noce. Avant la noce, on dit comme ça toutes sortes de bêtises... Hein ? Soyons sérieux, maintenant ! »

Lucien est sorti pour éviter une querelle. Il se sent une

1. Voir note 2, p. 4.

2. Ici, le magasin.

envie féroce d'étrangler sa belle-mère. Mais, quand il rentre, au bout de deux heures, il est tout changé, il parle d'une voix douce à Mme Larivière, avec un petit sourire dans le coin des lèvres.

Le soir, il demande à sa femme :

« Est-ce que tu connais la Normandie ?

– Tu sais bien que non, répond Hortense. Je ne suis jamais allée qu'au bois de Vincennes. »

Le lendemain, un coup de tonnerre éclate dans la boutique de bimbeloterie. Le père de Lucien, le père Bérard, comme on le nomme dans le quartier, où il est connu pour un bon vivant menant rondement les affaires, vient s'inviter à déjeuner. Au café, il s'écrie :

« J'apporte un cadeau à nos enfants. »

Et il tire triomphalement deux tickets de chemin de fer.

« Qu'est-ce que c'est que ça ? demande la belle-mère d'une voix étranglée.

– Ça, ce sont deux places de première classe pour un voyage circulaire en Normandie... Hein ? mes petits, un mois au grand air ! Vous allez revenir frais comme des roses. »

Mme Larivière est atterrée. Elle veut protester ; mais, au fond, elle ne se soucie pas d'une querelle[1] avec le père

1. Ne souhaite pas se disputer.

Bérard, qui a toujours le dernier mot. Ce qui achève de l'ahurir[1], c'est que le quincaillier parle de mener tout de suite les voyageurs à la gare. Il ne les lâchera que lorsqu'il les verra dans le wagon.

« C'est bien, déclare-t-elle avec une rage sourde, enlevez-moi ma fille. J'aime mieux ça, ils ne s'embrasseront plus dans la boutique, et je veillerai à l'honneur de la maison ! »

Enfin, les mariés sont à la gare Saint-Lazare, accompagnés du beau-père, qui leur a laissé le temps tout juste de jeter un peu de linge et quelques vêtements au fond d'une malle. Il leur pose sur les joues des baisers sonores, en leur recommandant de bien tout regarder, pour lui raconter ensuite ce qu'ils auront vu. Ça l'amusera.

Sur le quai du départ, Lucien et Hortense se hâtent le long du train, cherchant un compartiment vide. Ils ont l'heureuse chance d'en trouver un, ils s'y précipitent et s'arrangent déjà pour un tête-à-tête, lorsqu'ils ont la douleur de voir monter avec eux un monsieur à lunettes qui, aussitôt assis, les regarde d'un air sévère. Le train s'ébranle ; Hortense, désolée, tourne la tête et affecte de regarder le paysage : des larmes montent à ses yeux, elle ne voit pas seulement les arbres. Lucien cherche un moyen

1. La surprendre.

ingénieux de se débarrasser du vieux monsieur, et ne trouve que des expédients[1] trop énergiques. Un moment, il espère que leur compagnon de route descendra à Mantes ou à Vernon. Vain espoir, le monsieur va jusqu'au Havre. Alors, Lucien, exaspéré, se décide à prendre la main de sa femme. Après tout, ils sont mariés, ils peuvent bien avouer leur tendresse. Mais les regards du vieux monsieur deviennent de plus en plus sévères, et il est si évident qu'il désapprouve absolument cette marque d'affection, que la jeune femme, rougissante, retire sa main. Le reste du voyage se fait dans un silence gêné. Heureusement, on arrive à Rouen.

Lucien, en quittant Paris, a acheté un guide. Ils descendent dans un hôtel recommandé, et ils sont aussitôt la proie des garçons. À la table d'hôte, c'est à peine s'ils osent échanger une parole devant tout ce monde qui les regarde. Enfin, ils se couchent de bonne heure ; mais les cloisons sont si minces, que leurs voisins, à droite et à gauche, ne peuvent faire un mouvement sans qu'ils l'entendent. Alors, ils n'osent plus remuer, ni même tousser dans leur lit.

« Visitons la ville, dit Lucien, le matin, en se levant, et partons vite pour Le Havre. »

Toute la journée, ils restent sur pieds. Ils vont voir la

1. Moyens, méthodes.

cathédrale où on leur montre la tour de Beurre, une tour qui a été construite avec un impôt dont le clergé avait frappé les beurres de la contrée. Ils visitent l'ancien palais des ducs de Normandie, les vieilles églises dont on a fait des greniers à fourrage[1], la place Jeanne-d'Arc, le musée, jusqu'au cimetière monumental. C'est comme un devoir qu'ils remplissent, ils ne se font pas grâce d'une maison historique. Hortense surtout s'ennuie à mourir, et elle est tellement lasse, qu'elle dort le lendemain en chemin de fer.

Au Havre, une autre contrariété les attend. Les lits de l'hôtel où ils descendent sont si étroits, qu'on les loge dans une chambre à deux lits. Hortense voit là une insulte et se met à pleurer. Il faut que Lucien la console, en lui jurant qu'ils ne resteront au Havre que le temps de voir la ville. Et les courses folles recommencent.

Et ils quittent Le Havre, et ils s'arrêtent ainsi quelques jours dans chaque ville importante marquée sur l'itinéraire. Ils visitent Honfleur, Pont-l'Évêque, Caen, Bayeux, Cherbourg, la tête pleine d'une débandade de rues et de monuments, confondant les églises, hébétés par cette succession rapide d'horizons qui ne les intéressent pas du tout. Nulle part, ils n'ont encore trouvé un coin de paix et de bonheur, où ils pourraient s'embrasser loin des oreilles indiscrètes.

1. Nourriture pour le bétail l'hiver.

Ils en sont venus à ne plus rien regarder, continuant strictement leur voyage, ainsi qu'une corvée dont ils ne savent comment se débarrasser. Puisqu'ils sont partis, il faut bien qu'ils reviennent. Un soir, à Cherbourg, Lucien laisse échapper cette parole grave :

« Je crois que je préfère ta mère. »

Le lendemain, ils partent pour Granville. Mais Lucien reste sombre et jette des regards farouches sur la campagne, dont les champs se déploient en éventail, aux deux côtés de la voie. Tout d'un coup, comme le train s'arrête à une petite station dont le nom ne leur arrive même pas aux oreilles, un trou adorable de verdure perdu dans les arbres, Lucien s'écrie :

« Descendons, ma chère, descendons vite !

– Mais cette station n'est pas sur le guide, dit Hortense stupéfaite.

– Le guide ! le guide ! reprend-il, tu vas voir ce que je vais en faire du guide ! Allons, vite, descends !

– Mais nos bagages ?

– Je me moque bien de nos bagages ! »

Et Hortense descend, le train file et les laisse tous les deux dans le trou adorable de verdure. Ils se trouvent en pleine campagne, au sortir de la petite gare. Pas un bruit.

Des oiseaux chantent dans les arbres, un clair ruisseau coule au fond d'un vallon. Le premier soin de Lucien est de lancer le guide au milieu d'une mare. Enfin, c'est fini, ils sont libres !

À trois cents pas, il y a une auberge isolée, dont l'hôtesse leur donne une grande chambre blanchie à la chaux, d'une gaieté printanière. Les murs ont un mètre d'épaisseur. D'ailleurs, il n'y a pas un voyageur dans cette auberge, et, seules, les poules les regardent d'un air curieux.

« Nos billets sont encore valables pour huit jours, dit Lucien ; eh bien ! nous passerons nos huit jours ici. »

Quelle délicieuse semaine ! Ils s'en vont dès le matin par les sentiers perdus, ils s'enfoncent dans un bois sur la pente d'une colline, et là ils vivent leurs journées, cachés au fond des herbes qui abritent leurs jeunes amours. D'autres fois, ils suivent le ruisseau, Hortense court comme une écolière échappée ; puis elle ôte ses bottines et prend des bains de pieds, tandis que Lucien lui fait pousser de petits cris, en lui posant de brusques baisers sur la nuque. Leur manque de linge, l'état de dénuement où ils se trouvent, les égaie beaucoup. Ils sont enchantés d'être ainsi abandonnés, dans un désert où personne ne les soupçonne. Il a fallu qu'Hortense empruntât du gros linge à l'aubergiste, des chemises de toile qui lui grattent la peau et qui la font rire. Leur chambre est si gaie ! Ils s'y enferment dès huit heures, lorsque la campagne noire et silencieuse ne les tente plus. Surtout, ils recommandent qu'on ne les réveille pas. Lucien descend parfois en pantoufles, remonte lui-même le déjeuner, des œufs et des côtelettes, sans permettre à personne d'entrer dans la chambre. Et ce sont des déjeuners exquis, mangés au bord du lit, et qui n'en finissent pas, grâce aux baisers plus nombreux que les bouchées de pain.

Le septième jour, ils restent surpris et désolés d'avoir vécu si vite. Et ils partent sans même vouloir connaître le nom du pays où ils se sont aimés. Au moins, ils auront eu un quartier de leur lune de miel. C'est à Paris seulement qu'ils rattrapent leurs bagages.

Quand le père Bérard les interroge, ils s'embrouillent. Ils ont vu la mer à Caen, et ils placent la tour de Beurre au Havre.

« Mais, que diable ! s'écrie le quincaillier, vous ne me parlez pas de Cherbourg... et l'arsenal[1] ?

– Oh ! un tout petit arsenal, répond tranquillement Lucien. Ça manque d'arbres. »

1. Lieu où se trouve tout ce qui permet de construire, réparer, armer les navires de guerre.

Alors, Mme Larivière, toujours sévère, hausse les épaules en murmurant :

« Si ça vaut la peine de voyager ! Ils ne connaissent seulement pas les monuments... Allons, Hortense, assez de folies, mets-toi au comptoir. »

4

UNE FARCE

« Ohé ! du canot[1] !... Venez me prendre ici ! »

Et le grand Planchet, long comme un jour sans pain, se hausse encore parmi les saules de la rive, pour se faire voir de la petite barque qui descend lentement la Seine, et dans laquelle se trouvent cinq jeunes gens et deux femmes. Il y a là des peintres, Charlot et Bernicard ; un sculpteur, Chamborel ; puis Morand, un rédacteur[2] du *Messager des théâtres,* et Laquerrière, un jeune poète qui termine un drame pour l'Odéon. Des deux femmes, Louise, une grosse blonde, est la maîtresse de Morand, et Marguerite, une petite brune, celle de Chamborel.

« Ohé ! répète Planchet, venez donc me prendre ! Je ne

1. Apostrophe pour appeler les passagers du canot.

2. Journaliste ou critique dans un journal.

veux pas rentrer à pied. Merci ! près de trois kilomètres !... Ohé ! »

Mais la barque file doucement. Chamborel, qui tient la barre, fume sa pipe, sans même tourner la tête, comme s'il n'entendait pas.

« Est-il assez assommant[1] ce Planchet ! dit Louise. Qui donc l'a amené chez la mère Gigoux ?

– Personne, répond Bernicard. Il a entendu parler de Gloton à l'atelier, et il est tombé sur notre dos, il y a une quinzaine de jours... Je ne connais pas de garçon plus collant.

– Ah ! bien ! reprend Louise, je me charge de vous en débarrasser, moi, si vous voulez... »

Sur la berge, au milieu des saules, Planchet se fâche peu à peu.

« Voyons, pas de blague ! Abordez[2] ici... Vous pouvez bien aborder. »

Alors, Charlot, qui rame, se décide à répondre. Jamais il n'abordera à cet endroit. Il ne veut pas rester dans la vase, bien sûr ! Et, comme Planchet offre d'aller attendre la barque sur un autre point, Morand s'en mêle et lui crie que, lorsqu'un peintre a l'idée bête de venir pêcher à la ligne, il

1. Ennuyeux.

2. Lorsqu'un bateau rejoint la berge.

doit s'en retourner tout seul et à pied. Les femmes applaudissent. Laquerrière, debout, commence un discours sur les devoirs du pêcheur à la ligne. Le canot file toujours, Planchet leur montre le poing, puis se met à courir pour rentrer à Gloton en même temps qu'eux.

« Vous ne savez pas, dit Louise, au milieu des rires, je vais faire semblant de tomber amoureuse de lui... Je demande trois jours pour le forcer à reprendre le chemin de fer.

– Oui, oui, ce sera drôle ! » s'écrie la bande.

Cependant, Charlot rame furieusement, pour devancer Planchet, de façon à déjeuner sans lui, ce qui le vexera.

Il faut connaître ce coin de nature, un désert à une quinzaine de lieues[1] de Paris. Au pied du coteau, la Seine coule, s'élargit, semée de grandes îles qui ménagent entre elles des bras de rivière délicieux. Le chemin de fer de Rouen passe à Bonnières, un bourg situé sur la rive gauche. Mais, de l'autre côté du fleuve, que l'on traverse dans un vieux bac[2] craquant sur ses chaînes, il y a un petit village, où la bande s'est installée. C'est presque toujours un peintre qui, sa boîte aux épaules, tombe, un beau jour, dans une auberge borgne[3], qu'il invente pour la saison pro-

1. Une lieue = quatre kilomètres, donc une soixantaine de kilomètres.

2. Bateau à fond plat permettant de transporter d'une rive à l'autre d'un cours d'eau hommes, animaux ou voitures, en l'absence de pont. Parfois ils étaient guidés de la rive par une corde ou une chaîne.

3. Peu recommandable.

chaine. Telle est l'histoire de l'auberge de la mère Gigoux, à Gloton, inventée par le peintre Bernicard.

Les paysans stupéfaits voient, depuis le mois de mai, des messieurs étranges envahir le pays. Ils arrivent en paletot[1] ; mais, dès le soir, ils ont des chapeaux défoncés, des blouses bariolées de couleurs, des pantalons verdis par les herbes. Il y a aussi des dames, des dames qui ne se gênent pas et qui retirent tranquillement leur chemise derrière un tronc d'arbre, pour prendre des bains en pleine Seine. Et tous gesticulent, se battent avec les arbres, conquièrent les îles, où ils crient si fort qu'ils mettent en fuite des vols de corbeaux.

« Vite, vite, mère Gigoux, servez-nous ! » dit Louise en arrivant à l'auberge.

Planchet n'a pas encore paru. Ils se mettent tous à table, dévorent une omelette et des pommes de terre frites. Le plat est vide, lorsque enfin le peintre fait son entrée. Il est hors de lui.

« Ah ! vous êtes gentils !... Vous pouvez me demander un service, par exemple ! »

Chamborel lui explique gravement que le canot aurait coulé, si l'on avait pris un passager de plus.

1. Veste masculine.

« Allons donc ! dit Planchet, nous y avons tenu jusqu'à dix.

– Ça dépend du vent », répond Charlot.

La mère Gigoux apporte deux œufs sur le plat au retardataire. Mais il est très vexé de voir que les pommes de terre frites sont finies. Il continue à grogner, lorsque, brusquement, un fait imprévu lui coupe la parole. Sous la table, il a senti le genou de sa voisine, Louise, lui donner de petits coups, pour le faire taire ; puis la jeune femme a posé tendrement son pied sur le sien. Cette aventure suffoque Planchet qui, d'ordinaire, n'a pas de chance avec les femmes. Il ne s'aperçoit pas que tout le monde étouffe des rires, en voyant son saisissement. Ah ! quelle vengeance, s'il pouvait enlever une maîtresse à Morand, qui se moque toujours de lui !

Au sortir de table, Marguerite le prend à part et lui dit d'un air effrayé :

« Vous vous perdez, malheureux !... Je connais Louise, c'est une femme qui vous mènera loin.

– Comment ? balbutie-t-il, qu'est-ce que vous voulez dire ?

– Ne faites donc pas l'innocent ! J'ai tout vu, à table...

Mais prenez garde que Morand ne s'aperçoive de quelque chose. Il vous tuerait. »

À partir de ce moment, le pauvre Planchet devient le jouet de la bande. Jusque-là, on s'est contenté de lui faire les farces classiques : on a attaché un hareng saur à sa ligne ; on a emporté ses vêtements pendant qu'il se baignait ; on a introduit, dans ses draps, des orties fraîches. Mais, à présent, comme il s'agit de le mettre en fuite, on se montre féroce.

Le soir, après le dîner, la société va s'étendre sur deux bottes de paille, que la mère Gigoux a eu la générosité d'étaler au fond de la cour. C'est l'heure des théories, des discussions furibondes[1], qui durent jusqu'à minuit et qui tiennent éveillés les paysans tremblants. On fume des pipes, en regardant la lune. On se traite d'idiot et de crétin, pour la moindre divergence d'opinion. Ce qui enflamme surtout les querelles, c'est que Laquerrière, le poète, défend le romantisme[2] tandis que les peintres Bernicard et Charlot sont des réalistes[3] enragés. Les deux femmes, très au courant des questions que l'on discute, portent, elles aussi, des jugements carrés[4]. On exécute les hommes connus, on se grise de l'espoir de renverser prochainement tout ce qui existe, pour révéler un nouvel art,

1. Agitées, furieuses.

2. Mouvement artistique qui se développa en Europe à la fin du XVIIIe et dans la première moitié du XIXe siècle. Sur le plan littéraire, Victor Hugo fut le chef de file des romantiques français. Les romantiques exaltent l'individu, l'amour, les états d'âme, le goût de la nature...

3. Le mouvement réaliste apparaît au milieu du XIXe siècle avec Flaubert. Zola mais aussi Maupassant se qualifient de réalistes. Leur objectif est de rendre compte de la nature de l'homme et de la société tels qu'ils sont.

4. Tranchés.

dont on sera les prophètes[1]. Ces jeunes gens, sur cette paille, au milieu de la nuit calme, font la conquête du monde.

Mais, depuis qu'on se moque « de cette grande andouille de Planchet », comme disent les dames, les discussions du soir cessent parfois, et Morand entre en scène. Il raconte ses duels. À l'entendre, il a déjà couché dix hommes sur l'herbe, toujours pour des affaires de femmes. Il faut l'écouter raconter chaque duel avec des détails effrayants. Il a embroché l'un de part en part ; il a fendu le nez à l'autre ; il a crevé les deux yeux à un troisième. Chaque fois, c'est un raffinement de vengeance à donner froid au plus brave. Et, pendant ce temps, Louise affecte de chercher la main de Planchet, ou bien elle lui jette une jambe en travers des siennes. Le malheureux, grelottant de peur, a beau se reculer. Il ne veut pas paraître trop lâche, il tient bon, cette Louise est si jolie ! Alors, on se décide aux grands moyens.

Un soir, Louise donne rendez-vous à Planchet dans une île. La société doit aller à Bennecourt, un village voisin. Mais elle se dira malade, et quant à lui, il pourra rester, sous le prétexte de terminer une étude[2]. Les choses s'arrangent à merveille. Planchet prend le bac, pendant que

1. Ici, les précurseurs, les initiateurs.

2. Dessin préparatoire à un tableau.

Louise passe dans le canot de la mère Gigoux. Une fois dans l'île, elle commence à le promener durant une heure ; elle affecte de se méfier de tous les trous de verdure ; chaque fois qu'il veut s'arrêter, elle murmure :

« Oh ! non, pas là, on nous verrait. »

Enfin, quand elle l'a entraîné à l'extrémité de l'île, elle consent à s'asseoir, au bord de l'eau. Mais à peine est-il allongé près d'elle que des voix s'élèvent :

« Mon Dieu ! s'écrie-t-elle, c'est Morand. Il va nous tuer tous les deux... Sans doute, il aura soupçonné quelque chose et il nous a suivis... Mon Dieu ! mon Dieu ! cachez-vous vite ! »

Et comme Planchet, effaré, se trouve acculé à cette pointe extrême de l'île, il n'a qu'un moyen de se cacher, celui d'entrer dans l'eau.

« Enfoncez-vous davantage, murmure Louise. Encore, encore, jusqu'au cou !... Là, maintenant, mettez des feuilles de nénuphar sur votre tête. Et ne bougez plus ! »

Morand semble stupéfait de trouver Louise en cet endroit. Puis, il s'emporte, il lui crie qu'elle ne devait pas être seule, et il se jette dans les buissons voisins. Planchet, sous ses nénuphars, est blanc comme un linge. Mais le pis est que la société s'installe. Morand paraît convaincu qu'il s'est trompé. On est bien là, on est très gai, on reste une heure sur l'herbe à se lancer des théories sans fin. Un instant même, Chamborel prend des cailloux et fait des ricochets. Planchet, condamné à l'immobilité, a une peur affreuse d'être éborgné. Enfin, la société s'en va, et le pauvre diable peut rentrer en courant, trempé et ruisselant comme un fleuve. Il reste un jour au lit avec une assez forte fièvre.

Dès le lendemain, les plaisanteries recommencent. Louise, pourtant, devient rêveuse. Le jour où Planchet a gardé le lit, elle lui a monté deux fois de la tisane. On se moque des gens, mais ce n'est pas une raison pour les faire crever. D'ailleurs, il n'est pas plus ridicule qu'un autre, ce Planchet, un peu long, peut-être.

Un soir, après une promenade en canot, une de ces promenades furibondes d'où l'on ramène le canot en pièces, pour l'avoir jeté contre les pierres des berges, une discussion s'élève sur la réalité dans l'art. Morand, de son ton doctoral[1] de critique, déclare que les réalistes vont trop loin. Ainsi, ils ne peuvent tout reproduire dans la nature.

« Crétin ! crie Bernicard exaspéré.

– Écoutez-moi...

– Idiot ! » dit à son tour Chamborel.

1. Comme un docteur, pédant, très sûr de lui.

Mais Laquerrière prend parti pour Morand.

Louise, qui ne les écoute pas, les interrompt tout d'un coup. Planchet vient d'aller chercher des allumettes.

« Dites donc, ce sera pour demain, si vous voulez... Je dis à Planchet que je file avec lui. Puis, quand il sera dans le train, je le traite de jobard[1] et je m'esquive. »

La farce est bonne. Le lendemain, Louise disparaît avec Planchet. Mais la bande va se cacher dans un bouquet d'arbres, de l'autre côté de la gare. Et, quand le train est sur le point de partir, on se montre, pour blaguer.

« Tiens, dit Chamborel, Louise qui reste à la portière !... Elle n'a juste que le temps de descendre. »

La locomotive siffle, le train s'ébranle.

« Eh bien ! eh bien ! elle ne descend pas, s'écrie Charlot. Mais ce n'est plus drôle, alors !

– Ma foi ! elle file avec lui, murmure Marguerite. C'est du propre ! »

Tous se mettent à ricaner, en regardant Morand. Celui-ci est un peu pâle. Il suit le train qui disparaît à toute vapeur, puis il fait un grand geste d'insouciance.

« Rentrons dîner, hein ! dit-il. La mère Gigoux a mis une poule... Je vous disais donc, hier soir, que l'on ne peut pas toujours reproduire la réalité...

1. Naïf, idiot.

– Crétin ! crie Chamborel.

– Idiot ! » hurle Bernicard.

Et la discussion recommence, dans le crépuscule qui tombe sur les champs mélancoliques.

POUR ALLER PLUS LOIN...

QUELQUES PAGES
ET UN SITE INTERNET :
www.cotecourt.com

ÉMILE ZOLA EN QUELQUES DATES ET QUELQUES ŒUVRES

1840 : Naissance d'Émile Zola à Paris. Son père est un ingénieur italien.

1843 : La famille Zola s'installe à Aix-en-Provence ; son père a conçu un canal qui doit alimenter la ville en eau et il s'occupe de sa construction.

1847 : Mort du père d'Émile Zola ; il laisse sa famille dans une situation financière difficile. En octobre, Émile entre en pension.

1858 : Mme Zola et son fils s'installent à Paris. Émile compose ses premiers poèmes et s'essaie à l'écriture de pièces de théâtre.

1859 : Il échoue au baccalauréat et décide d'abandonner ses études. Il publie des poèmes et des contes dans le journal *La Provence*.

1860 : Libre et désargenté, pour Zola, c'est la vie de bohème.

1862 : Il entre à la Librairie Hachette comme commis aux expéditions, puis comme employé au service de la publicité. Il écrit toujours des contes et des poèmes.

1864 : L'éditeur Hetzel[1] publie *Les contes à Ninon*.

1. Jules Hetzel (1814-1886) est le talentueux éditeur qui, à la fin du XIXe siècle, publia les grands auteurs de son époque. Son nom est associé à l'œuvre de Jules Verne et à la naissance de la littérature pour la jeunesse en France.

1866 : Auteur qui a un petit succès et de nombreux amis[1] Émile Zola décide de quitter la Librairie Hachette et de vivre de sa plume. Pour l'instant, il est surtout journaliste.

1867 : Il commence la publication des *Mystères de Marseille*, puis celle de *Thérèse Raquin*.

1868 : Il met au point le plan d'une œuvre en dix volumes, *Les Rougon-Macquart* où, au gré de l'arbre généalogique d'une famille, il veut montrer « le jeu de la race modifiée par les milieux ».

1869 : C'est le début d'une longue correspondance avec Gustave Flaubert. Il rédige *La fortune des Rougon*.

1870 : Mariage avec Alexandrine Meley, sa compagne depuis quelques années. Fils d'une veuve, il échappe à la guerre de 70 qui vient d'éclater entre la France et l'Allemagne. Il s'installe à Marseille avec sa femme et sa mère. Il y crée un journal, *La Marseillaise*. Puis il se rend à Bordeaux où, pour cause de guerre, le gouvernement s'est installé. Zola y glane un poste de secrétaire.

1871 : Retour à Paris ; Le journal *La Cloche* commence la publication de *La curée*, mais la Justice interdit cette publication.

1872 : Un éditeur, Georges Charpentier, s'engage à publier l'ensemble des *Rougon-Macquart*.

1. Dont plusieurs peintres qui commencent à faire parler d'eux, Manet, Cézanne qui fut son ami à Aix-en-Provence...

1873 : Publication du *Ventre de Paris* dans la presse puis en volume.

1874 : Il rédige *La faute de l'abbé Mouret*.

1875 : Premières vacances « aux bains de mer », à Saint-Aubin-sur-Mer, en Normandie. À l'automne, il commence à travailler à *L'Assommoir*.

1876 : *Le Siècle* commence la publication de *Son excellence Eugène Rougon* ; *Le Bien public* commence celle de *L'Assommoir*, qui fait scandale.

1877 : *L'Assommoir* paraît en volume. Le scandale qui entoure ce livre pousse des écrivains qui veulent rendre compte de la réalité du monde à se regrouper ; c'est la littérature naturaliste (Flaubert, Mirbeau Maupassant...).

1878 : Le cycle des *Rougon-Macquart* se poursuit avec *Une page d'amour*. Zola achète une maison à Médan, sur les bords de la Seine. Elle deviendra un lieu de rencontre littéraire très important tout au long de cette fin de siècle. Il publie un recueil de ses œuvres théâtrales (souvent tirées de ses romans).

1879 : Parution de *Nana* (du nom d'un bateau de son ami Maupassant).

1880 : La mère de Zola meurt, Flaubert aussi.

1881 : À quarante et un ans, Zola arrête sa carrière de journaliste.

1882 : Publication de *Pot-Bouille*. Il rédige *Au bonheur des dames* (sur les premiers grands magasins)

1884 : Il travaille à *Germinal* qui paraît l'année suivante.

1885 : La censure empêche l'adaptation théâtrale de *Germinal*. Publication de *L'œuvre*.

1887 : Publication de *La Terre*.

1888 : Zola découvre la photographie et réalise de nombreuses prises de vue.

1889 : En Angleterre, les romans de Zola sont considérés comme « obscènes » et leur éditeur envoyé en prison.

1890 : Parution de *La Bête humaine*, sur le monde du train. Avec Jeanne Rozerot, une jeune lingère qui est sa maîtresse depuis plusieurs mois, il a une petite fille, Denise ; un petit garçon, Jacques, naît l'année suivante.

1891 : Publication de *L'argent* (sur le monde de la banque et de la Bourse).

1892 : Publication de *La débâcle* (sur l'armée).

1893 : La publication du *Docteur Pascal* clot le cycle des *Rougon-Macquart*[1].

1. L'édition intégrale en cinq volumes des *Rougon-Macquart* établie par Colette Becker est disponible dans la collection Bouquins.

1894 : Zola publie *Lourdes*, un roman sur le pèlerinage qui est tout de suite interdit par l'Église. Voyage en Italie.

1896 : Zola renoue avec la presse pour prendre parti dans l'affaire Dreyfus[1] ; il se bat violemment contre l'antisémitisme.

1898 : Le 13 janvier, il publie dans *L'Aurore* une lettre ouverte au président de la République, *J'accuse*. Cette prise de position contribue largement à faire basculer l'affaire Dreyfus et reste, aujourd'hui encore, un des plus beaux témoignages du rôle des intellectuels dans la vie politique et publique française. Elle vaut à Zola un procès car le ministre de la Guerre s'estime diffamé. Zola s'exile en Angleterre, on lui retire sa Légion d'honneur.

1899 : Il publie ses écrits d'exil (*Fécondité* et *Angéline*). Zola regagne la France.

1901 : Tous les articles de Zola concernant l'Affaire Dreyfus paraissent sous le titre *La vérité en marche*. Publication du *Travail*.

1902 : Une nuit de septembre, Zola meurt asphyxié, sa femme survit à l'accident dont on a dit qu'il était peut-être un crime. Émile Zola laisse une œuvre colossale sans cesse rééditée (ses romans surtout).

1908 : Les cendres de Zola sont transférées au Panthéon où reposent les grands hommes auxquels « la patrie est reconnaissante ».

1. Cette célèbre affaire d'espionnage au profit de l'Allemagne coupa la France en deux pendant plusieurs années à la fin du XIXe siècle. Les Dreyfusards qui regroupent l'essentiel de la gauche française, Zola en tête, prirent le parti du capitaine Dreyfus, officier juif injustement condamné.

UNE PEINTURE DRÔLE ET ACIDE DE LA SOCIÉTÉ : à propos des nouvelles « Les Parisiens en villégiature »

Dans l'œuvre d'Émile Zola, immense, les contes et les nouvelles n'occupent qu'une petite place (tout de même près d'une centaine de textes), assez méconnue. En réalité on croit bien connaître Zola mais c'est le grand ensemble romanesque des *Rougon-Macquart*, seul, qui a fait la gloire de son œuvre et continue d'être lu par des générations de lecteurs, en France et à l'étranger.

Les contes (les plus connus sont les *Contes à Ninon*) sont des œuvres de jeunesse, encore empreintes de poésie, de rêverie.

En revanche, les quatre nouvelles que nous vous présentons ici sont le fait d'un écrivain qui approche la quarantaine, a commencé ses grands romans, vient de publier *L'Assommoir* qui fait scandale. Surtout, il a trouvé son style, ce « naturalisme » issu du mouvement réaliste qui appuie le romanesque sur une observation attentive de la société, celle d'un journaliste, presque d'un « scientifique » spécialiste des passions humaines. Elles ont été écrites entre 1875 et 1880 pour une revue de Saint-Pétersbourg, *Le Messager de l'Europe*. Leur objectif est de présenter au public russe des instantanés, des condensés, de la société française de l'époque.

Ces quatre nouvelles font partie d'un ensemble intitulé *Les Parisiens en villégiature* et ce titre n'est pas usurpé : on y trouve bien là un aperçu de ce phénomène nouveau à l'époque, que nous appellerions la naissance de la société des loisirs ou tout simplement les vacances. Il ne concernait pas, loin s'en faut, tous les Français mais les habitants des villes en général et de la capitale en particulier et la société bourgeoise. On voit bien cependant qu'il y a une relative démocratisation de ces pratiques puisque, à côté du haut fonctionnaire des *Bains de mer*, les personnages décrits dans *La maison de campagne* et dans *Voyage circulaire* appartiennent à la petite bourgeoisie ou sont commerçants. C'est un bon échantillon de ces pratiques qui nous est donné : le séjour balnéaire, la résidence secondaire à la campagne, le voyage touristique et le week-end champêtre à l'auberge.

L'effet comique, satirique est constamment recherché dans ces nouvelles. Zola se moque des obsessionnels soucis d'argent de ces braves gens, de leur matérialisme « bas de plafond », de leur franche sottise (le père des trois filles à marier dans *Les bains de mer* qui s'aveugle totalement sur leurs prétendants, les Robineau dans *La maison de campagne* qui se font « maltraiter » par leurs invités sans oser protester), des stratégies cyniques des parents pour « caser » leurs filles car elles leur coûtent cher. Heureusement un brin de sentiment, d'amour vient tempérer cette férocité et amène des retournements inattendus dans trois des quatre nouvelles : dans les *Bains de mer*, le *Voyage circulaire*, et *Une farce*.

Une farce est un peu à part car la société qu'elle décrit est celle des artistes, de cette « bohème » que Zola connaît bien, où les femmes sont presque les égales des hommes, où les mœurs sont libres, où l'on discute d'idées avec passion et où l'on n'est pas forcément très riche. Ce milieu s'oppose aux bourgeois mais aussi aux paysans que Zola décrit effarés par ces nouveaux visiteurs agités de leurs calmes campagnes.

TABLE

DANS LA MÊME COLLECTION

Décalogue de Christophe Donner

1 - Christophe Donner - *Tu n'auras pas d'autres dieux*
2 - Christophe Donner - *Tu ne te feras aucune image*
3 - Christophe Donner - *Tu ne jureras pas*
4 - Christophe Donner - *Tu te souviendras*
5 - Christophe Donner - *Tu respecteras tes parents*
6 - Christophe Donner - *Tu ne tueras pas*
7 - Christophe Donner - *Tu ne commettras pas l'adultère*
8 - Christophe Donner - *Tu ne voleras pas*
9 - Christophe Donner - *Tu ne porteras pas de faux témoignage*
10 - Christophe Donner - *Tu aimeras ton prochain comme toi-même*
11 - Alphonse Daudet - *Le secret de Maître Cornille*
12 - Guy de Maupassant - *La parure*
13 - George Sand - *Le chêne parlant*
14 - Jules Renard - *Le chien, la vache et autres histoires naturelles*
15 - Prosper Mérimée - *La Vénus d'Ille*
16 - Émile Zola - *Les bains de mer*
17 - Gudule - *Cœur de guimauve*
18 - Charles Nodier -*Le chien de Brisquet*
19 - *Petits contes de Noël*
20 - Arthur Rimbaud - *Ma bohème*
21 - Jacob et Wilhelm Grimm - *Les douze frères*
22 - Mille et Une nuits - *Sindbad et la baleine*
23 - Hans Christian Andersen - *Les habits neufs de l'empereur*
24 - Edgar Allan Poe - *La lettre volée*
25 - Nathaniel Hawthorne - *Le paradis des enfants*
26 - Jack London - *La loi de la vie*
27 - Herman Melville - *Moi et ma cheminée*
28 - Anton Tchekhov - *Aïe, mes dents !*
29 - Rudyard Kipling - *Comment le chameau acquit sa bosse*
30 - Oscar Wilde - *Le prince heureux*
31 - Anthony Horowitz - *Pagaille à Paris*
32 - Sir Arthur Conan Doyle - *La société protectrice des rouquins*
33 - Mark Twain - *Journal d'Adam et journal d'Ève*
34 - Mme Leprince de Beaumont - *La Belle et la Bête*
35 - Anne Mirman - *Un bonnet de laine jaune*
36 - Jack London - *Nam Bok le hâbleur*